서정시학 서정시 121

천년의 강

이수익 시집

서정시학

이수익
1942년 경남 함안에서 태어남
1963년 서울신문 신춘문예 시 당선
시집으로 『우울한 샹송』, 『야간열차』, 『슬픔의 핵』, 『단순한 기쁨』, 『그리고 너를 위하여』, 『아득한 봄』, 『푸른 추억의 빵』, 『눈부신 마음으로 사랑했던』, 『꽃나무 아래의 키스』, 『처음으로 사랑을 들었다』 등이 있음.
현대문학상, 대한민국문학상, 정지용문학상, 한국시협상, 지훈상, 공초문학상, 육사시문학상, 이형기문학상 등을 수상함.
2000ik@hanmail.net

서정시학 서정시 121
천년의 강

펴낸날 | 2013년 6월 10일 초판 1쇄

지은이 | 이수익
펴낸이 | 김구슬
펴낸곳 | 서정시학
편 집 | 최진자 · 인차래
인 쇄 | 서정문화

주 소 | 서울시 성북구 동선동 1가 48 백옥빌딩 6층
전 화 | 02-928-7016
팩 스 | 02-922-7017
이메일 | poemq@dreamwiz.com
출판등록 | 209-07-99337
계좌번호 | 070101-04-038256(국민은행)

ISBN 978-89-98845-17-9   03810

값 9,000원

*이 책의 판권은 지은이와 도서출판 서정시학에 있습니다.
*양측의 서면 동의 없이 무단 전재 및 복제를 금합니다.

사악한 죄수의 심정으로 돌아섰다
달디 달게 벌을 받게 하여 주옵소서,
무섭도록 거친 회초리가 내 살을 파고 들 적마다
울음 속에 웃음이 더러
섞였다
웃음 속에 울음이 진저리쳤다
잔인한 그날 오후가
시작되었다

— 「고독한 관계」 중에서

시인의 말

1963년 1월 1일.
이것은 '시인 이수익'이 태어난 생년월일이다.
그간 50년의 세월이 흘렀다.
11번째 시집 『천년의 강』은 이런 기나긴 시간의 퇴적물 같기도 하다.

과연 나는 시를 제대로 알고 썼는가, 모르고 썼는가?
아직도 모르고 썼다고 말하는 편이 더 옳은 것 같다.
그동안 시는 참으로 나에게 동지처럼 믿음직스럽기도 했지만, 그러나
시를 적敵처럼 모르고 쓴 적이 훨씬 더 많았기 때문이다.
지금도 시 앞에 서면 두렵고 떨린다.

끝까지 시는 나에게 아무 것도 보여주지 않을
영원한 비밀이다.

2013년 초여름

이수익

■ 차 례 ■

시인의 말 / 5

제1부 ─

천년의 강 ·············· 15
아득한 새벽 ············· 16
새로운 놀음 ············· 17
악령을 위하여 ············· 19
사무치다 ············· 21
갈대는 ············· 22
깍두기 ············· 24
그날 밤 ············· 26
충격을 넘어서 ············· 28
악어의 시詩 ············· 29
움직이는 시장 ············· 31
이 나이쯤의 편애 ············· 33
소나기 ············· 34
화음 ············· 36
짐 ············· 37
수도修道 ············· 39

제2부 —

앞 ············· 43

젊은 시인에게 ············· 45

당신의 힘 ············· 47

잘 가라, 안녕 ············· 48

엄마가 들어 있다 ············· 50

죽음의 정면 ············· 51

오, 그리움 ············· 53

도서관 ·············· 55

엎드려 자는 여자 ············· 57

드디어 풍경은 사라진다 ············· 58

고독한 관계 ············· 60

새들은 끝없이 떠오른다 ············· 61

문門 ············· 63

그 절간 ············· 64

벙어리 ············· 66

저리도 붉은 협곡 ············· 67

봄밤 ············· 68

제3부 —

저 바다 위에 당신의 이마를 떨어뜨려라 ·············· 71

원류를 찾아서 ············· 73

찬물에 손을 씻다 ············· 75

희디흰 고요 ············· 76

코브라 ············· 78

음담패설 ············· 80

없는 너 ············· 82

숭고한 슬픔 ············· 83

사나이의 순정 ············· 85

찬란하게 ············· 86

봄빛 세상 ············· 88

벗겼다 ············· 90

발레리나 강수진 ············· 92

잔혹한 ············· 94

무늬 ············· 95

나는 고요히, 소용돌이 칠 것이다 ············· 97

나의 하얀 손 ············· 98

제4부 ―

못다 한 슬픔 ·········· 101

절교 ·········· 103

처음 ·········· 104

못을 뽑다 ·········· 105

새를 찾아서 ·········· 106

지금 ·········· 107

저 푸른 힘이 자라서 ·········· 109

일어설 줄 모르는 남자 ·········· 111

아프다 ·········· 112

얼음산의 노래 ·········· 114

무사武士 1 ·········· 116

무사武士 2 ·········· 118

동화童話 ·········· 120

단추 하나 ·········· 122

어느덧 가을 ·········· 123

7월의 아침 – 이승훈 시인에게 ·········· 125

홈런, 이라고 말할 때 ·········· 127

시인의 산문 / 시작詩作 50년의 회고 ·········· 128

천년의 강

제1부

천년의 강

나는
너의 살 한 움큼씩 뜯어먹고
오래 산다
너는
나의 생생한 피 한 됫박씩 훔쳐 먹고
오래 오래 산다
나와 너 사이에는
차마 죽을 수 없는 천년의 강물이
굽이치고 있다
사랑아

아득한 새벽

으드득, 이빨 시리도록 참혹하게
내가
춥다
그 추위 속에 깡다구만 남아 시퍼렇게 멍든 얼굴
내가
춥다
발가벗긴 채 꽝꽝 얼어붙은 온몸 십자가처럼 걸려 있는
내가
춥다
찔러도 찔러도 피 한 방울 나지 않을, 엄연한 고통 속
내가
춥다
최후의 한마디 어휘를 붙들고서 줄기차게 허우적거리는
아득한 그 새벽의,
내가
춥다

새로운 놀음

그는
제국帝國의 몰락을 기다리면서
늘
같은 꿈을 꾸어왔다
그렇게 불행한 땅을 함께 딛고 살 수 없다는 것을
차마
미리 알았으므로
비극적 삶을 향한 그의 놀음은 진지하고
언제나 새롭게 다가왔다

저격狙擊의 순간을 기다리는 불꽃이 이글거렸다, 숨어 있는
폭발음처럼, 뛰어드는 적을 향한 그의 두 주먹은
불끈
쥐어졌다

마침내– 라고 부를 최후의 순간이
빨리 다가왔으면
좋겠다

더불어 그도, 그와는 다른 세상을 노리는 이들도 함께 파멸하는
　흐리멍덩한 세상이 어서 오기를
　기다리면서

　그는 오늘도 늙어간다, 참으로 오래된 날이 지루하다

악령을 위하여

촛불이 떠오르고 있다.
책 한 권이 찢어지고 있다.
마감이 지난, 쓰다만 원고지가 방바닥에 엎드려 있다.
승진축하를 보내야 할 친구한테도 나의 미적거림은
벗어버린 단추처럼 헐렁하게 남아, 게으르게
밤과 낮을 구분치 못하고 있다. 촛불이 꺼질 듯 꺼지지 않을 듯 거듭
회오리치고 있다. 그렇지만 나는 다시 한 번 일어서야지, 책 한 권을
불태우자고 던져둔 그날의 마음을 돌아서서 숨 고르듯 들이키며
현란하게 글을 써나가고자 한다.
환한 촛불 너머로 그날 내가 기록했던 비망록과 몇 개의 테마, 그리고
기괴한 망상들 몇몇이 구름처럼 떠오른다.
내가 나를 죽이기 위해서, 죽임으로써 살아나는 악령의 부활을
믿고 싶어서겠지. 오. 가득하게 부활할 악령! 대지에 가득 찰 너는
나를 덮고 세기에 빛날 장엄한 한 편의 드라마를 구성해야

겠지.

　힘차게, 나는 글을 써 나간다. 거꾸로 박힌 불구덩이에 새롭게 타오를

　에너지가 훨훨 몇 개의 연기로 휘날리면서, 내 눈을 태우고자 한다.

　나의 원고지는

　피를 부르는 듯 커다란 존재를 향하여 지금 끝없이 투쟁하고 있다. 다시 책 한 권이 스스로 찢어지고 있다.

사무치다

나는 다만 까만 채색을 띠었을 뿐인데

어찌하여 너희가 그토록

사무친 그리움으로 절망하려드는가

만경강萬頃江 너머 숯덩이 같은 해 하나 지고 있다

무덤 위에 저주의 숟가락 하나 내던지고 싶어,

인광처럼 피어나는 새파란 불꽃!

갈대는

저 갈백색 물결이 부드럽게 일렁이고 있는 일은

겨울 햇살 아래서는 참으로 보기 드문 경이로움이다.

모두가 허무하게 무너져 내린, 척박한 1월의 변두리 지역에서

살아 있음을 저리도 분명하게 드러내어 주는, 그 상대적 일체감이

죽어 있는 물체들 사이에서 환히 빛을 낸다.

봄부터 가을까지 그들은 제 빛깔과 소리와 향기가 가득히 넘쳐나던 때,

그때는 당신도 나도 끝 모를 온통 푸르름에 젖어 있었는데

그래, 지내놓고 보면 겨울은 가장 황홀한 색깔만이 은근히도

어두운 제 무덤 속을 휘황하게 드러내어 주는 것.

보라, 저 갈대들 제 스스로 꺾이며 일어서는 힘과 저력을

나는 확고하게 믿나니, 오로지 갈대만이 이 겨울에 찬란한 부활이 되리라는 것을.

나는 안다, 습지濕地를 온통 갈백색으로 물들이고 있는

오오 눈부시게 피어나는 빛의 파장과 설렘을.

깍두기

국밥과 설렁탕엔
마땅히 있어야 할 그것이 있지
그래, 깍두기
숟가락 한 입 가득 밀어 넣고는
다음 순간을 기다리는 뜨거운 기대 속에 붉게 물든
깍두기, 그 황홀한 입맛 생각나네
와싹,
깨물면 통통거리는 기쁨이 입안을 가득 퍼져
나는 할 말을 잃고 거듭 실수하네, 이미 절정에 다다른
그 맛 때문에—
그래서일까, 1960년대 미국으로 건너가서 노래 부르던 김씨스터즈도
〈아침저녁 식사 때면 런치에다 비후스텍 맛있다고 소리쳐도
우리나라 배추김치 깍두기만 못 하더라〉*고 말하면서
깍두기에 대한 찬가를 널리
세상에 퍼뜨렸다네
깍두기,
누구든지 쉽게 만들 수가 있지만
그러나 누구든지 쉽게 만들 수 없는, 토속적 끼가 박힌
그 맛 때문에

나는 연서戀書를 쓰듯 달콤하게 속삭인다네, 최고로 맛있는 차가운 별미에 대하여!

* 1960년대 초에 발표한 김씨스터즈의 노래 「김치 깍두기」에서 일부 옮김.

그날 밤

힘껏
돌멩이를 날렸다
지붕들이 바싹 깨어질 듯 울어대던 그날
밤,
분노의 파열음이 하얗게
하얗게 솟아올랐다

우리 집 너머 앞집 지붕 지나 또 다른 지붕
위로, 무수히 많은
지붕 위로
나는 새파랗게 힘찬 돌멩이를 날려 보냈다
"어떤 놈의 새끼가 돌을 던지노, 이 나쁜 놈의 새끼가…"
불어터진 화를 삼키지 못한 동네 주민들이 집집마다
뜰에 나와서 아우성치던
바로 그날
밤,

집 빈터에 내려앉아 소리 없이 나는 울었다

"순이 계집애,
널 떠나지 못하도록 내가 붙잡았어야만
했는데"

충격을 넘어서

마흔한 살에 죽은
알렉산더 메퀸*의 휘황찬란한 금기禁忌의 직물에서는
마음 가득 피어나는 압도적 환상의, 그로테스크한 아름다움이
숨어 있다 참으로 뜻밖이다 그것은 상식을 도발하는 상식,
천재를 기만하는 천재, 가혹함을 처단하는 가혹함으로써
눈부시게 다가온다 손을 들어라 그대들은 어쩌면 정직함으로써,
단순 소박함으로써 천년을 끝없이 뒤쳐져 있다 그리하여
알렉산더 메퀸의 한밤 꿈의 성스러운 속됨에는
당신의 눈을 찌르는 가혹한 열기로 가득 차 있다 아무 것도
말하지 말라 그냥 가만히 있어다오 저 완고한 복식의, 끔찍한
세련미를 두고서

---

* 1969년 영국 런던에서 태어나 세계적 디자이너가 된 그는 2010년 마흔한 살의 나이로 세상을 떠났다. "아름다움은 가장 기이한 곳, 심지어 가장 역겨운 곳에서 피어난다"는 그의 말이 인상적이다.

악어의 시詩

악어의

적敵 앞에서 부르르 떠는 흉물스러운 모습을

나는 닮았다

납빛 파충류의

핏물이 모여 거대한 울음과 격돌하는 순간을

나는 닮았다

등줄기가

푸른 소음으로 거칠게 경련하는 단말마의 고독을

나는 닮았다

나는 악어의

2억 5천만전의 진화를 거부하면서, 다만

닮았다는 이 사실에 대하여 혼돈할 뿐이다

나는 인간이다

악어와는 닮지 않은 맨몸의 투혼으로

옹골찬 패기를 낭비하고 싶다

그런 시詩!

움직이는 시장

앞뒤가 불분명한 윤곽 속에
휩싸여, 희미하면서도 그러나 조심스럽게
자기 존재의 근원根源을 드러내는, 저 나무들처럼

두근거리는 핏줄이
캄캄한 대지 위에 불타오르듯 펄럭이는
이 미지未知의 시간들과 함께
있음으로써

피할 수 없는 생존은 시작된다, 떡 벌어진
 두 어깨의 가슴팍과 가슴팍이 힘겨루기하면서, 시끄러운 욕설과
 재빠른 몸짓으로 중무장한, 오늘도 또한 하루를 시작하는 상점으로부터
 번쩍이는 옷감이 욕설처럼 나부끼는 골목, 골목에 이르기까지
 조금씩 난장판으로 변해갈
 귀를 틀어막아야 할 사나움이, 바로 여기에 있다

붉은 소란이
성대聲帶로부터 우렁차게 퍼져나가고
전대纏帶는 그 소리를 쿵쿵 울린다
처음 이곳에 모습을 드러내는 사람과 결국 이곳을 바쁘게
빠져나가는 사람들이 뜨거운 냄비처럼 들썩이는 가운데
우리는 섞이고 또한 우리는
풀어진다

가자, 하얗게 솟아오르는 욕망의 줄기여, 노동이여,
떠돌아다니는 하루치의 힘의 소진이여,
우리는 저물녘까지 애써 웃고 떠들며 달음질치는 동안
두근거리는 핏줄이 한번 더 가슴을 움켜진다, 가자, 앞으로!

이 나이쯤의 편애

내 마음속에
누런 구렁이 한 마리 살고 있네.
휘번뜩이며 시퍼런 갈구의 뿌리
어디 몸 둘 곳 몰라 서성이고 있네.
입을 벌리면 두 편으로 갈라터진 혓바닥으로부터
서늘한 냉기와 긴 엄습함이 불타오를 듯
숨죽이고 있는 이 편애의 고집
나는 사랑하리.

최후의 쇠사슬에
몸을 가득 묶고서
어디 갈 곳 없는가, 숨찬 서성거림으로
기다랗게 또 한번 목을 늘려서 바라보는

이 나이쯤의
견고한 결핍, 또는 위태로운 사랑.

소나기

염소들 벌떡 일어나, 앞으로 옆으로 두리번거린다, 사방을.

비를 피할 수 없는 붉은 볏이 솟구친 닭들 재빠르게 몰려드는

어두운 하늘.

느릿느릿한 거위들이 엉덩이를 흔들면서 어디론가 가고 있다.

비, 비, 비, 비, 비를 부르며 충돌하는 대기의 유난히도 희고 푸른 입자들.

연잎 위로 구르는 물방울, 강한 탄력이 소용돌이치면서 떨어지고 있다.

날자, 조금만 더, 더 위로 날자, 뜨거운 대지 위에 폭발하는

오랜 가뭄 끝에 모인 저 새로운 힘들, 목을 비틀 듯 끓어오르는

거대한 욕망의 분출구를 어쩌지 못해 비, 비, 비, 비, 비가

쏟아져 내리기 시작한다.

 오, 마침내 두꺼비가 된다.

화음

그는
거대한 죽음을
가로질러서 가고 있다
남아 있는 우리는 울음을 터뜨리거나 혹은 감추며,
오랫동안 잊을 수 없는 한 편의 다큐멘터리처럼, 우리들 곁에
그가 간절히 머물러 주기를
묵도했다

후렴後斂은 느릿하고 짧고 단순하게
끝났다
성가聖歌를 부르던 얼어붙은 입들이 복도로 나와
하늘을 향하여 바로 누워 있는 그의 시신 앞에 서서
단호하고 차디차게,
영원한 별리別離의 화음을 들려주었다

창백하게 정지된 그의 두 눈에 떨어졌을 법한
살아 있는 날의, 눈물겹게 반짝이는, 몇몇
그리운 이야기들

짐

좀 떨어져서
지낼 필요가 있다
약간 떨어진 곳에서
바라보는, 숨 막히는 진실이 필요하다
내 입술과 그대 입술이 맞닿은
순간의
마비되는 설렘을 어쩌지 못하면서도 끝내 떨어질 수밖에 없는
그 사이,

사이에 우리가 놓여 있다
뜨거운 목마름으로 굶주린 듯 달려드는
비겁한, 야성적 본능만으로도 안 되는 비밀의
그 무엇이
있기에, 점차 우리 멀어져야만 하는 것일까
객관적으로 내가 너를
돌아다보지 않을 수 없게 만드는 그 무엇인가가 있어서
그대를 멀리 서서
끝없이

바라다보아야만 하는가

힘찬 동작 하나가 재빨리 나를 스쳐 지나간다
머무를 수 없는 그대, 너무나도 큰 짐이다

수도修道

내부를 활활 태웠다
어서 빈칸을 만져보아라
하얗게 일어선 몸, 그렇다
모두 빈칸이다
두 눈도, 주름 잡히던 이마도, 대퇴골도,
허벅지도
까마득하게 만져지는 가루, 가루, 가루다

오, 내가 미칠 듯 사랑했던
당신!

제2부

앞

나는
앞이 좋다
참으로 더할 나위 없는
전진의
앞,
가슴을 송두리째 부대끼면서 환히
비바람으로 맞는
맨 정신의
앞,
그 앞이 좋다

뒤를 돌아보지도 말자
또는 옆을 바라보지도 말자
오로지
최전선의 앞을 향하여
끝없이
굴복하자

정면으로 날아드는 무더기 돌팔매에
피투성이가 되도록 온몸 얻어맞아도
산산이 부서져도
앞은
그래, 끝없이 앞이다

당당하게
내가 서야 할 자리를 비켜다오
앞,
내가 돌아서지 못할 최후의 앞

젊은 시인에게

대형 덤프트럭은
25.5톤이다.
깔려서 죽은 사람만이
기막힌, 그 맛을 안다.
열여섯 개의
수컷처럼 불거진 큼지막한 차바퀴가
뿜어내는
불가항력적 힘,
거대한 장악력으로 전면을 향하여 돌파하는
불굴의 정신을
차마 막아낼 수 없었던 자만이
그 맛을 안다.
끼익, 하는 순간은 그가 하늘에다 대고 했던
최후의 유서
결코 발설하지 않겠다는 맹세만을 남겼을 뿐인데,
죽음을 담보로 맡겨야 할 일이
세상에 또 어디 있겠는가.
그러나 당신은 안다, 젊은 시인이여.
그 사람이 죽으면서 차마 하지 못했던 말을
분명히 기억하고

그 말 속에는 세상에다 온통 비명처럼 내지를
불멸의 세계가 가득 차 있음을 알아차리면서
상상은 오로지
무궁무진한 자유뿐임을 다만 믿고 있는 자.
그래,
당신은 유일한 폭군처럼
단호한, 젊디젊은 시인이므로
살아 있는 자보다 죽은 자들의 말을
자세히 전해다오.
깔려서 죽은 사람들의 말이
더욱 그리운 세상.

당신의 힘

당신은 파괴야
거칠 것 없는 폭풍이야
폭풍우 다음에 오는 파르스름한 물빛
거선의 침몰, 또는 그런 격랑의
소용돌이야
옷가지가 펄럭거려 차마 숨쉴 수 없는 공간, 그
한가운데로 가서 나지막이 불러보는
당신의 이름
그것으로면 충분해, 나는 어리석게도
마약을 가득 삼킨 입처럼 계속 우물거리면서
당신의 파괴적인 힘을 자랑할거야
사랑해, 당신,
오늘 밤

잘 가라, 안녕

더럽게 물 묻은 옷을 껴입고서

저 사내, 꾸불텅거리는 손과 또는 발로서

숨죽일 듯 기타를 치고 있다네

마치 살아 있는 한 편의 죽음 같네

소리는 깊고도 가득하여 차마 움직일 수 없는 법

그만의 울음이 소용돌이쳐서 화음을 이루면서

뼈아픈 고독과 불안을 읊조리고 있다네

어디 한번 씻어보기라도 하였는가 후미진 팬티 속

우울한 습기를 털어내려는 듯 기타의 선율을 짚으면서

저 사내, 오늘보다 더 푸른 내일을 노래하고 있다네

또는 내일보다 더 조그만 소망의 모레를

읽어내고 있다네

끝없이 희미한 하루가 가고 있네

엄마가 들어 있다

보자기 속엔
엄마가 들어 있다
가만히 들어앉아 엄마는
네가 들어올 거라고 생각했지, 라고
말씀하신다
바로 그때 보자기 속에 숨겨진 엄마의 귀는
빠르고 정확하게 나의 방문을 숨죽여
기다리고 있었던 것이다
보자기 속에 숨겨진 엄마의
손은 두껍고 큼지막해서 무엇이든
잘 뒤지신다, 내가 벗어놓은 옷가지와 몇 가지의
패물, 가슴 설레는 어릴 적 예쁜 사진들이
엄마에겐 꼭꼭 감춰둔 비밀이 되어 있다
가끔씩 엄마를 만나러 간다
내가 보자기를 풀면
거기,
젊은 날 엄마가 나오신다

죽음의 정면

나는 지금
산에서 내려왔다
먹이를 찾아서 헤매며 왔다.
험악한 산줄기와 구렁들을 넘고 또 넘어
미칠 듯 쓰라린 기아飢餓를 안고
헐떡이는 심장 찔리면서 내려서 왔다.
죽음의 직전으로 도망 친 나는
무척이나 살고 싶어, 차마 죽을 수가 없어
비천한 몸이 땅바닥을 구걸하며 기어서 왔다.

어디쯤일까,
검푸른 도시의 길바닥에
쓰러진 나에게 당신은 공포에 질린 채 경악하면서
크게 소리를 질렀다. 사나운 악마의 기세처럼 등등하게
"와아, 뱀이 나타났다. 뱀이다!"
당신의 이 말이 동네를 휘감자 말자 사내들 몇몇이
에워싸듯 나의 길을 가로막고 섰다. 뱀이라면 당연히
죽음을 받아야 할 비유처럼 여겨지는 바로 이 동네에서
나의 힘없이 갈라터진 혓바닥과 슬픈 비늘, 우울한 눈빛이 골목을 더욱 황량하게 만들었다. "조심스럽게, 조심스럽게, 그놈을 붙들어야만 한다."
사내들은 기다란 꼬챙이 끝에 화려한 불꽃을 피워 올리듯이 한 걸음 두 걸음 다가오면서,
음탕한 도발을 해대는 것이었다.

그리하여 나는 더 이상 살아볼
기력도, 희망도, 목표도 없이 처량하게
그들 앞에서 무릎을 꿇었다. 60센티의 조그만 육체가 펄럭이면서
하얗게, 하얗게 타오르는 감옥 속으로 밀려서 들어갔다.
나는 살 수 있을 것인가? 또는 죽임을 당할 것인가?
다만 살아야 한다는 명제가 뜨겁게 몸부림치는 욕망의
포대布袋 속에서, 나는 더 살고 싶다는 기운으로 최후를 발악했다.

차디찬 죽음이 밀려서,
그렇게 왔다.

오, 그리움

흐린 밤, 너를 기다리며 오래 서 있다

안 올 것이다, 라고 믿는
나의 어리석음 위에
아마 올 것이다, 라고 믿는 나의 기대도 함께
어울리면서
이건 마치 용이 되었다가 이무기가 되었다가 또는 잉어가 되었다가
하는,
불편한 상상을 스없이 하게 만드는데

조그만 방, 불빛 하나도 들지 않는 어두운 방에 숨어서
너는 무슨 생소한 연극에서 만나는
비극적 대사처럼
나에게 알 수 없는 빛을 던지려 하는 것이냐

미친 밤,

더러운 운명!
가슴을 쥐어뜯는 천박한 놀음 같은

오, 그리움

도서관

들어섰다, 차디찬 기류를 멀리 하려고. 그 속에

너무나도 푸르고 흰 공기들이 미립자처럼 짜여서

밖으로 숨을 내쉴 수조차 없는, 그래서 참으로 별난 곳.

나는 앉을 자리를 찾는다. 그때 별 하나가 쿵, 내 앞에 떨어져

내린다. 마음을 가다듬으면 무엇이든 헤엄쳐나갈 수 있는, 그런

가득한 힘을 가진 밀회의 장소라는 것을, 은밀히 깨닫게 되면서.

끝없이 잠잠한 울타리와 울타리 안에 머리를 가득 처박고, 무거워서

움직일 수 없는 힘찬 고통으로, 엔진을 건다. 한 묶음 두 묶음 솟아나는

지혜 속에 거듭 피어나는 나를 보여주게 되는 것일까. 사방 벽이 커다랗고

투명하게 열린 채, 끊임없이 나를 도전하면서 드러낸다. 두텁게 먼지가 쌓인

서가의 회랑을 걷는다. 비밀통로에 꼼짝없이 내가 갇힌 채, 정말 즐겁게도.

엎드려 사는 여자

오늘도 쓸쓸하네, 그 여자
시장 바닥에서 푸성귀를 파는 여자
취나물, 냉이, 달래, 쑥부쟁이 속에 묻혀버린
하루 종일 일어날 줄 모르는,
엎드려 사는 여자

고개 들어 허리를 펼 때라곤 해질 어스름 무렵
파장할 시간
푸성귀 속에 쏟아버린 하루를 툭툭 털어내며
이젠 집으로 가야지, 가서는 저녁을 먹고 잠을 잘 거야
허리를 풀면 느닷없이 쏟아질 잠, 잠, 잠, 잠꾸러기 떼들
입 맞추며 혼곤한 나락으로 빠져들겠지
그리고 내일 새벽이면
다시 새파랗게 푸성귀 속으로 걸어 나올 여자

집으로 가는 길 멀고도 힘들지만, 그러나
내일도 오늘처럼
마음 고요히 지내는 날이 되겠네

드디어 풍경은 사라진다

우리는 그 거리에서의 흩어짐에 대해서
그 순간 떠오르는 공허한 풍경에 대하여
결코
누구에게도 말하지 않았다
흔들리는 지하철 출구를 빠져나와
결혼식장이거나 장례식장을 마치고 나와
모처럼의 동기동창 모임을 끝내고 나와
우리는 제각기 뿔뿔이, 뿔뿔이 흩어져 버렸지만

그 입을 가로막는 듯한 핼쑥한 이별에 대해서는
정말
아무에게도 말하지 않았다
한순간 믿음과 우정이 희미하게 꺼져버릴 것만 같은
차가운 적막이 예리하게 빛나면서
너무나도 등 뒤가 서늘해져, 한번 손을 흔들다 말고는
그냥 그대로 앞만 보고 걸어갔다

이런 나 스스로의 소외가 바람직스러운 비밀인 것처럼

이제야 안다는 듯이, 무턱대고 그것을 인정해왔음을
아무에게도 말하지 않았다 깊이 반성하지 않았다
우리는 서로에게 무심해져야만 발걸음이 편해진다는
믿음으로, 허겁지겁 군중 속을 뛰어 들어갔다

마치 땅바닥을 흘러넘치는 물이 하수구를 향하여
끊임없이 소란스럽게 흘러가듯, 다만 정당한 주장으로서
우리가 참으로 후회하지 않을 바를 후회하는 것처럼

고독한 관계

고독의 피부를
깨뜨렸다
험난한 울음이 쏟아져 나왔다
절정을 향하여, 몸부림치는 고독의 **뼈**를
더욱 강고하게 일으켜 세우기 위하여
나는
사악한 죄수의 심정으로 돌아섰다
달디달게 벌을 받게 하여 주옵소서,
무섭도록 거친 회초리가 내 살을 파고들 적마다
울음 속에 웃음이 더러
섞였다
웃음 속에 울음이 진저리쳤다
잔인한 그날 오후가
시작되었다

새들은 끝없이 떠오른다

나는
새들의 죽음을 본 적이 없다.
새는 살아 있을 동안, 귀염성 있게
내내
지저귈 뿐이다.

내가 본 것은
지붕과 지붕을 건너뛰는
가파른 전선과 전선을 따라서 움직이는
숲 사이 나무와 나무를 스쳐서 지나가는
높디높은 파도와 파도를 끝없이 지배하는
새들의
마법과 같이 살아 있음을 보여 주는
지저귐만으로써

눈부시게 피어오르는 그들의
환호작약을 선연히 들은 것으로도
나의 심장은 쿵, 쿵, 쿵,

뛰었으니까.

아직도
살아 있는 새는
거칠거나 완곡하게 나르는 깃털의 비상을 바라보라는 듯
무한정 하늘로 솟구쳐 오르다가 저 넓은 밑바닥으로 쏟아지는
눈부신 이동의 모습만 보여줄 뿐
결코 추락하면서 비굴한 찰나를
보여주지 않는다.

새들이 떴다.
지금
그들의 우짖음으로 환해져가는 이 세상 끝,
결코 새들에겐
죽음이 없다.

문門

여자가
사내의 몸을 가로 질러
그 사내의 목이 기우뚱, 왼쪽으로
기울고 있다는 것.
여자가 더욱 집중적으로, 품위 있게
탐닉하고 있는 것은
저들 스스로의 에로티시즘의 황홀한 기교가
지극히 파괴적이라는 것.
그녀는 왼쪽 팔로 사내의
수세에 밀린 듯한 입맞춤에 기꺼이 동조하려는 듯
깊고 깊은 언덕 아래로 자기 몸을 내던지는, 불가피한 수난을
당하고 있다는 것.

청동으로 된
여자와 남자가
하나로 엮어진 채
문門이라는 이름으로, 너무나도 뜻밖에.

그 절간

선운사 대웅전은 낡았다 늙은 목조가

가늘고 길게 피워 올리는 이 오래된 사찰의

간결함이 풍경소리에 실려 댕그랑댕그랑 하는

동안, 가슴이 뛰는 불자의 숭고한 엄숙미가

석가모니불과 탱화 속으로 두루 빠져들고 있다

죄가 없음으로 죄를 있게 하소서

죄가 있음으로 죄를 잊게 하소서

둔중한 머리통이 땅바닥을 치며 크게 혼절하는 사이,

도솔산 치마폭이 가늘게 나를 덮으면서

합장한다

옴 기리나라 모나라 훔바탁 *

* 온갖 불안에서 안락을 구하려는 진언.

벙어리

너는 커다란
돌덩어리처럼 어디선지 채여서 왔어
푸석한 입, 아무 말 없이 굴곡진 채, 제멋대로
굴러서 왔어 나는 모른 척했지 알아봐야 별수 없는
행색을 한 너에게 시큰둥한 표정은 어쩌면 그럴듯해 보였을 거야 그렇게
나의 무관심은 심심풀이처럼 시작되었고, 그래서 너는
그 무관심에게도 아예 등을 돌린 채 버려졌어
거들떠보지도 않는 시퍼런 블라우스 밑, 힘없이 쭈그러진
젖가슴이 하염없이 늘어져 있는 듯한, 그 야윈 몰골의 여자에게
무슨 이야기가 들어 있는 것이었을까, 지하다방에서 일하면서
혼자서 중얼거리다가 말다가 중얼거리다가 말다가 하는 사이
어느 날 밤 감감히도 눈을 감았다고 하네, 그 여자
금방 내가 얼굴도 잊어버릴
그 여자

저리도 붉은 협곡

무수한
장엄미가 종결된
이곳
3억 5천만 년 전이라는 까마득한 숫자가
의미 없이 공중분해하는, 그 환상의 극점으로

저리도 붉은 협곡이 자리잡고
있다
신神이 만들었을지도 모를 험준한 바위며 강이
펄럭이고 있다
인적 없는 곳으로 낭자하게 흘르드는 지층의 떨림이
있다

가자, 가자, 까마득하게 죽음처럼 달려드는 그 곳으로

돌아올 수 없는 날에 내던지는
이
정신의 방탕함이여

봄밤

개펄이 질펀하다
만져지지 않는 봉오리의 아랫도리가
후끈거린다
싱싱한 몸은 열려서 오, 즐거운 것
당신의 벽을 타고 넘어가고 넘어오는 사내의 목마름만
거칠다

내일이면 음력 3월 보름, 화사한 초저녁부터
이슥한 밤까지
우리는 음습한 개펄에서 숨을 쉬지 않을 거야, 가만히 죽은 듯
지낼 거야, 만지면 도망쳐서 달아날 거야

너무나
너무나도 그리운 이 봄밤,
불온한 열기

제3부

저 바다 위에 당신의 이마를 떨어뜨려라

해는 지고 갈 데가 없다

뭍으로 돌아오는 물새들의 날갯짓 소리

파다하다

서쪽 하늘에 장엄하게 물드는 일몰 풍경

저 건너 마을에 불빛 하나, 둘 켜지는 눈물겨운

점등의 시간

이제 참으로 거두어야 할 것들이다

고깃배에 그물을 거둬들이는 어부와 그의 아낙이

섬세하게, 그들의 마지막 하루 일과를

정리하듯

우리도 조용히 오늘에 마침표를 찍자

모두들 길게 늘어뜨린 어깻죽지를 거두고

처연히 저물어가는 바다 위로

비탄과 휴식의 이마를 떨어뜨려라

우리는 점점이

까마득하게,

멀어져만 간다

원류를 찾아서

나는
이 며칠 동안
여행을 떠난 것이 결코 아니었다.
여행, 그것은 처음으로 자신이 보지 못할 것을
보고서 돌아온 이의, 눈치 빠른 느낌으로 쓰는 기행문
같은 것이지만
아니, 아니다, 그것은 내가
내 피의 원류를 찾아서 한 걸음, 두 걸음 헤쳐 나아간
생애의 고유한, 빛나는 기념비와도 같은 길이었으므로
그 동안 무념했던 나의 어리석음을
벌해다오.
눈앞에 두고서도 멀리 안 본 척 그러면서
바깥세상에 들떠 있던 나의 경솔함을 비판해다오.
그 동안 잊고 살았던 내 조국의 산과 들판, 강, 바람, 계곡물,
안개, 돌멩이, 비와 흙먼지 등을
쓰라리게 만져보고, 눈 아프게 쓰다듬어 보고, 귀에 담아두었으므로
난 이 며칠 동안
난생 처음
내 어머니 품속에 그윽하게 들어앉았던 것이다.

오, 나의
무지한 몽매함을 징계해다오.
마지막 한 줄기 피어오른, 저 밤하늘 아름다운 별빛을 두고서.

찬물에 손을 씻다

저 펄떡거리는 전율이 온몸을 감싸고
흘러내렸다
꽉 잡아챌 수 없는, 비늘의 웅성거림이
손바닥을 거쳐서 입술과 안면 곳곳으로 재빠르게 튀어 올라
숨 막힐 듯, 나는 최후의 힘을 틀어쥐었다
물고기는 결코 죽지 않겠다는 비장한 각오로
아가미를 크게 벌렸다가 힘겨운 한숨처럼 토해내는 방법
잘 알고 있다는 듯이
위태롭게 순간을 헤쳐 나가는, 그런 물고기
마지막 일전처럼 죽기 아니면 살기 식으로 나는
대담하게 적진을 무찌르다가 조금씩 숨을 내리쉴 만큼
힘을 풀어주기로 하였다 어쩌면
손끝에 떨리는 녀석의 핏빛 아우성이 뜨겁게 내게
남아 있음으로써

희디흰 고요

11월
찬바람 바짓가랑이 사이를
어슬렁거리면
우리 마음
저무는 땅 쳐다보며, 자칫
스산해질까봐

거리에 줄 이은 은행나무들
온몸을 불질러 노오란 문신으로
빛나면서
저희들끼리 무슨 기쁨조처럼 위로하려든다

그래, 이 가을
구원이란 너희들밖에 없으니
반짝이는 길을 따라 우리 함께
또 한 해를 저물어 가야 하리

마침내
희디흰 고요가 가득히 몰려오고
어둠의 긴 고랑이 이곳을 덮을지라도
넘치는 불면의 노래를 나는
가득히 잊지 못 하리

오, 다시 한 번
저무는 길이여 차디찬 희망으로서
끝없이 빛나기를

코브라

사자에게 무적의 들판이다, 열대 초원이 가득히 펼쳐진
곳으로
얼룩말이나 코뿔소, 영양, 멧돼지, 기린, 물소가 지천이다
사자가 한번 나서면 초원은 질주의 큰바람을 예고하듯
사방은 한없이 수그러드는데

여기,
코브라 한 마리가 제 늑골을 가득 조여 일어선 듯
백주의 들판에서 사자와 한 판 겨루겠다는 표정;
역력하다

코브라는 빳빳이 몸을 세우고
공포의 수평선을 이루면서 사자를 향해 독을 뿜으면
3미터 전방까지 날아간 침이 사자의 눈을
치명적으로 타격해 버릴 수 있다고도 한다

코브라,

나는 역시 너를 믿는다, 저 포악한 사자의 어금니를 부러뜨리도록
거칠고 힘차게 독을 내뿜어다오
잔인한 무력에 맞서는 날카로움이 조용히 이루어내는
너의 승리를, 크게 축복할 수 있도록

나는 기다리겠다
두 줄기 새파란 고통이 사자의 눈에 걸려
까마득하게 흐려지는 바로 그 순간이 올 때까지
눈에는 눈, 이에는 이로서
당당해지기를

음담패설

누구였던가?

우리는 20층 높이에서
떨어져 죽을 뻔한, 소란한 입놀림과 박자에
홀딱 빠져서
눈을 가늘게 뜨고, 색욕에 빠진 양 정처 없이 헤매다가
아무도 나를 살릴 수 없다는 치명적 결함을 안고서
깊이 뒹굴다가
아득히 서서 외쳐대다가

정말 누구였던가?

생각나지 않은 그 발설의 주인공을
찾아보다가
도무지 알 수 없는 그 발설의 주인공과 헤어질 것을
다짐하다가
참을 수 없이 웃으며 울다가, 더러는 울면서

웃다가

포복절도할 세상에 던지는
마지막
성기性器처럼
끝없이 한참을 들끓어 오르기만 하는

오, 기분 좋고 순진한 당신과의
음담패설

없는 너

푸른 풀밭 사이로

늑대 한 마리가 슬며시 솟아올랐다

하얗게 발정 난 늑대 울음소리가

어둠 속을 컹컹 짖으면서 대지를 향하여

길게 꼬리를 뻗는다, 온갖 사무치는 살갗이 아프다

부르튼 입술로 내가 너를

껴안으면,

그러나 아무데도 없는 너!

숭고한 슬픔

위에서 아래로
칼날처럼 휘감아 치는 절규,
여기엔
용서란 없다

거대한
초속 70미터의 풍속이 이끄는 회오리바람
오오, 일사분란한
마적馬賊의
떼

넌 죽어라
나도 죽자
그리고
우리 다함께 죽음으로써
세상에 남길 것이라곤 전혀 없음으로써

지나 간 자리엔
높다란 폐허의 왕궁이 하나 떴다
텅 빈 사방
너무나도 고요하다

미국 중남미를 강타한 토네이도의 힘이
휩쓸고 지나간
다음의
최초의 새아침처럼

너무나도 밝게,
애틋한 슬픔

사나이의 순정

그리고 나는 말하네. 처음서부터 당신에게는
미친듯이 반하게 하는 기묘한 표정이 있었다고. 그토록 반한만큼
소리쳐서 다른 사람들이 차마 당신 곁으로 오지 못하게 만드는,

그런 술책을 세우느라
나는 야성으로 길든 포악성으로 거리를 헤매면서 뒤진다. 흙더미 속엔 아직
길들지 않은 포탄들이 시퍼렇게 살아 있다. 또는 내가 좋아할지도 모르는
끝없이 철 지난 잡지들의 희미한 거리 풍경들을 매혹시키는

이 단순함, 몰염치, 공중부양처럼 둥둥 떠 있는 사랑을 위하여
정말 죽어라고 매달리는 한 사나이의
기막힌 순정을 위하여.

찬란하게

맨 나중에 나오는, 찬란한 죽음이 올 때까지
자기 자신을 완전히 부수어버리는, 그런

열정적 파괴가
있었네

그리고 한 움큼의 소멸,
끔찍한 적막이
어둠 속 하얀 보자기에 싸여서 흘러 나왔다네, 이 세상
더 없이 그립고도 그리운 우주를 향하여

거기
자기 자신만을 고독하게 사랑하는 이의
불타는 전력질주를 굽어보던
그 순간
피와 사랑과 그리고 눈물이 함께 따라왔네,

둥글게 하나처럼
하나처럼
둥글게

봄빛 세상

물길은 소리 없이 적막하게 흐른다

언덕배기엔 개나리가 활짝 피어 있고

봄빛이 어느 샌가 우리들 곁에 가득 차 있다

이제 나도 물속의 청둥오리처럼 날렵한 친구 만나

사랑을 해볼까?

두 마리 암수가 파닥, 파닥, 파닥거리는

봄날의 화사한 꽃그늘 속 그 어디쯤에서

몰래 키운 분홍빛 연정도 발그레하게

온몸 붉히면서 익어가겠지

물길 한없이 부드럽게 흘러내려가는 불광천 산책로에

물끄러미 서서

이렇게도 꿈같은 서정시 한 편 떠올린다

벗겼다

마치
성난 사람처럼 다가와
나를 눕혔다
거칠게 나를
벗겼다 으스러지게 나를
껴안았다

피가 돌지 않는 순간
할 말을 잊어버린 그가 가혹하게
나를 내팽겨쳤다
거대하게
부풀어 오른
폭발음처럼,
나를
두 동강 내었다

죽여줘,
어서 죽여줘,

힘없이 더럽혀져 있는
나를
커다랗고 무거운 군화처럼
그가 짓밟고 지나갔다

이제 나는
죽었다, 죽었다
아니, 살아 있다
그가 죽인만큼 까다롭게 나는
살아서
험난한 복수의 칼날을 움켜쥐어야지
거대하게, 나는 일어설 것이다

발레리나 강수진

너무나도 험하게 굳었다, 저 발

툭, 툭, 불거지고 피 한 방울 나지 않을

발

뼈가 있는 가슴처럼 높이 떠서 살아 있는 저 발

험난한 지상을 뚫고 더 높이, 더 고독하게,

더 치열하게

목숨 걸고 싸우고자 했던 분노의 발, 고통의 발, 저주의 발

(지금, 저 발밑에 놓인

평화가 끝없이 고요하다)

하루에 열아홉 시간씩, 일 년에 천여 켤레 토슈즈가 닳아

떨어지도록

그는 뛰고, 달리고, 무릎 꿇고, 아득히 서서 헤매던

그의 영혼, 그 발의

차가운 신전 앞에

나는 숨 죽여 앉아 있다, 그것이 나를 물끄러미 바라보고 있다

그는 너무나도 먼 곳에 존재하므로 도무지

따라갈 수 없는 그 발의 냉엄한 엄숙미여

발레리나

강수진

* 1986년 독일 슈투트가르트 발레단에 입단한 동양인 최초의 무용수 강수진.

잔혹한

안 보이니까
그것은 지난 과거다
내가 숨겨온
비밀 루트이다
내통하고 있던 암흑가의 잔혹한
실물이다 그 존재다
한번만 더, 쉿 소리 내지 말고 조용히
입을 다물 것
봄부터 여름 지나 가을 건너 겨울까지
당신이 터뜨리지 못한 소문, 엎드린 채
엎드린 채 가만히 덮어 줄 것
나는 총부리에 손댄다, 죽어서도 말 못할 이유를 안고
거세해 버릴까 한 치의 소리 소문도 없이 저격범처럼

그래, 난 그렇지
냉정하게
쉽사리 비웃음으로 돌아서는 일만 남겨두었을 뿐

무늬

그는
흰 침묵 속에 놓여 있는
가느다란
항아리다.
유적遺跡의
오래된 침묵이다.
들릴 듯 말 듯, 귀를 열고 바라보는 하늘에는
수십만 꽃이 가득히 피었다가

사 라 진 다.

맨 처음
그가 이 땅에 내려온 날의
기억이 있다.
천삼백 도의 불구덩이 같은
열화熱火 속에서
기다리던 사나이의 목마른 기침소리가
가늘게 들려왔다. 차갑고도 긴 밤이 오래토록 깊이

꺼질 줄 몰랐다. 흙을 빚어 타오르는 항아리를 끌어안고
한없이 나뒹구는 가슴이 무수했다. 열 번, 스무 번도 더

하나를 품고자 하는 마음 차마 간절했으므로
참고, 또 참았다.
드디어 그는
평온한 마음으로
둥근 테를 휘감은 빛이
참으로 찬란하게 살아난 응고된 무늬를
바라본다. 자디잔 바람이 스쳐 지나간 한 쪽 벽면에서는

그날의 거대한 꿈틀거림이, 펄럭이고 있다.

나는 고요히, 소용돌이 칠 것이다

거대한 돌덩이가
들어앉았다
쉽게 박동하지 않는다
쉽게 내면을 드러내 보이지도 않는다
속이 컴컴한, 입구의 안과
밖을 분간할 수 없는, 수심 속으로 자꾸만
빨려 들어가는, 커다란 혓바닥의 수런거림이
솟구칠 뿐

당신의 그 몸짓, 표정을 잃은
냉혹한 얼굴을 보고 있노라면
아, 나는
너무나도 멀리 떠나왔다는 기억이 스치며
지나간다, 당신은 잴 수 없이 커다란 불투명이다
한 장, 두 장 당신이 입혀준 겨울 속의 방한복을 들춰내면
소용돌이칠 것이다, 당신은

오래된 죽음처럼, 그냥 나를 내버려다오

나의 하얀 손

그녀의 가슴속으로
나의 하얀 손이 흘러들어간다
고요하게 그녀의 시선이 멈춘 채
내가 피워낼 서투른 몇 송이의 장미를
함께 감상해보자는 것이다
펄럭이는 그녀의 가슴속에서 나는
침이 마른다 얼굴이 시뻘겋게 부어오른다 숨이 탁, 탁,
막힐 것 같다 그리고
화상火傷으로 부푸는 상처들을 기억해내고자 할 것이다
나의 하얀 손이 그녀의 두 젖가슴을
휩쓸어가는 동안
오, 그녀는 뜨거운 죽음처럼 기립해 있다

제4부

못다 한 슬픔

하늘은
구체적으로
점점의 고요를 뿌리며
우리들 안과 바깥으로 수습하려든다

할 말을 잃어버린
입들이
강가로 나와
오래 오래 묵은 옷들을 빨고 있다

기다리지 마,
기다리지 마,
뒤를 돌아다보지 않고 떠난 새들은
소스라치게 기웃대던 꿈속에서
돌아가야 할 길을 잃어버리고

묵음默音으로 길든 마을은

별빛 돋아나는 시간을 기다리며
하루를 눕히고 있다, 슬픔으로 얼룩진 북을 두드리며
난타의 바다 속으로
뛰어들고 있다

참 오래 된 불행,
모두
내 것이다

절교

검은 돌 하나가
가슴에 와 박힌다.
무슨 말을 하고 싶었던 것이냐, 바랄수록
일몰이 왼쪽 허리를 치며 아득히
드러눕는다.
무욕의 쓸쓸함이 이리 냉정하게 거꾸로 내리박히는 순간
없도다, 아무 것도 없도다, 정말 아무 것도 없도다,
나는 빈 방 하나로 남는다.
쓸개처럼 남는다.
당신은 창문 밖에서 물끄러미 방안을 들여다보고 있지만
그러나
이미 너무 늦은 시간!
비소砒素를 삼키면서 내가 서 있다.

처음

옛날에 있을 것은
이미 다 있었느니라
장엄하고 눈부신 최후의 걸작들은
수천 년 전,
장인들의 손으로 이루어져서
지하 수십 미터 깊숙이 땅속에 묻혔거나 또는
세상 사람들의 눈길보다 훨씬 더 먼 곳에 은밀히
감추어져 있어
오늘 우리네 손을 차마 부끄럽고 부끄럽게 만드나니
〈처음〉이라고 말하지 말라, 그것은 이미 지나간 날에
있었던 일
당신은 한번 헛손질함으로써 최초와는 아득해지는 것이므로
언제 또 다시 개벽의 새아침을 뚫고 나올 어마어마한
역사歷史의 힘이여,
차마 무기력해지는 우리의 마음이여

못을 뽑다

저 멀리 떠내려간 기억 속에서
나는
당신의 목을, 팔을, 가슴을 가만히 더듬습니다
잘못된 판단과 오해로서 굳어버린
당신의 입과 눈, 이마를 매만집니다
당신의
이미 죽어 있는 성기며 겨드랑이와 배꼽을 건드립니다
생명의 불꽃 속에 거칠게 타오를 사랑을 그리면서, 고통 받는 자의
일체의 헌신과 요구를 바치며, 흐릿한 방에다가 당신을 눕힙니다
아무 것도 없습니다
나는 싱그러운 풀잎과의 긴박한 파장과 끝없는 교류를 생각하며
아, 차마 당신을
잊기로 합니다

새를 찾아서

새가
죽어서, 피폐해진 그곳을 찾지 못했다

숲이라면
죽어 널브러진 새들이 앙상하게
뼈를 말리고 있을 법한 장소인데

내 눈은 아직 한 번도 새의 죽음을 목도한 적이
없다, 새는 어디서 눈을 감는가

캄캄한 하늘에 대고 끝없이
나는 묻고 답하노니,
핏기 없이 어두워진 내 얼굴이
그래도 잘 모른다고 수줍어서 말할 때

처음처럼 희미하게 거듭 더듬거리면서

지금

뱃속에
당신이 주신 아기가 스며들어 있습니다
조금씩 부푸는 솜덩이처럼
당신의 아기는 눈과 귀, 두 뺨, 엉덩이, 무르팍까지
동그랗게
동그랗게
무엇인가를 향하여

한없이 솟구쳐 오르고 있습니다
나의 뱃속을 쿵쿵대면서 떠오르는 그 숱한 포만감이
진정으로
나를
나답게 만들어 주고 있습니다

아, 당신은 누구을까요? 그리고 나는
누구일까요?
우리가 맺은 피의 분신을
뜨겁게 느끼면서, 나의 뱃속에

버릴 수 없는 죄 하나, 자라나고 있습니다

저 푸른 힘이 자라서

묵은 고목 아래에는
큼지막한 바위가 하나 있고
그 바위에는 속속들이 천년의 이끼가 시퍼렇게
피어 있다

중심적 화자話者는 썩어 내린 고목일 수도
있고, 너럭바위일 수도 있고
또는 이끼일 수도 있겠지만

실은 그런 이유 때문이 아니라
그 셋이 일개 항項으로 서로 묶여져 있다는
사실을, 함께 나누어 갖자는 것이다

가을이면 나뭇잎이 우수수 떨어져 쌓이고
그 위로 빛나는 영혼의 눈송이들 분분히 휘날리고
겨울의 회색빛 망토가 사라진 다음, 다시
소름 끼치는 꽃피는 봄이 오고

그 숲에 메시아와 같이 여름이 다가오는
순항을, 셋은 고루고루 나눠 가지면서

침묵에 이기는 힘이
처음 어디서부터 왔는가를
각자 깊이 생각해 보기로 하자는 것!

그런 결연이
고목과 바위, 그 바위를 푸르게 뒤덮고 있는
이끼를
숲에서 가장 빛나고 활기차게 살아나게 한다

일어설 줄 모르는 남자

나는
서울 은평구 신사동이나 서대문구 북가좌동 서민아파트에서
30여 년 간
꼼짝없이 박혀 살았다
마지막 탈출구가 바로 이곳은 아니었던 것 같다
아내와 나는
보다 더 햇빛 바른 집을 찾아서 백방으로
옮겨갈 데를 찾아 헤맸지만
돈도, 행운도, 기적도
남의 일처럼 따라와 주질 않았다
그냥 그대로 살아가는 법이란 것을
큰딸 아이 시집보낼 때쯤 알게 되었으므로
바로 이곳이 나의
벗어날 수 없는, 마지막 탈출구였던 셈이다
엎드려서 산다
일어설 줄 모르는 남자,
엎드려 있기에는 그저 속이 편안한 남자,
그런 숙맥菽麥 같은 남자

아프다

그 집,
한 채가 무너졌다
이미 오래전부터 균열이 버짐처럼
번지던 집, 사소한 시비 거리가 끝내는
공포의 싸움터로 변하던 골목길, 아무 것도
아니라던 말을 뒤집으며 붕괴와 소멸이 찾아온
집, 그래
집 한 채가 무너졌다

당신은 "글쎄, 괜찮아"라고 말하지만
그 말 속에는 흐릿한 불분명함을 지니려는 뜻이
숨어 있어서, 우리는
괜찮다 라고밖에 말 못하는 당신의 마음을 헤아리면서도
거기에 차마 동의할 수는 없었다
그런 애매함, 반복되는 모순, 거부가 아닌 거부를 막지 못하면서도
이미 불화는 진행되고 있었으므로
무너져 내리는 집 한 채는 너무나도 선명한 색채처럼
우리의 마음을 덮어왔다

집 한 채의 무너짐, 그리고
그 후로 말짱 갠 날의 지상의 평화스러움이
고요한 적막처럼
아팠다

얼음산의 노래

저는
만년萬年의 순결이에요
제 하얀 눈의 눈부신 자태를 보실 때에는
멀리서

절대로,
절대로 가까이 오진 마세요
그건 너무나도 두려우니까요
그래서 저의 공포는
때로 다가오는 사람들에게 치명적인 불행을
안겨다 주죠
그래서 저는,

오늘도 기다리죠
저를 보러 오실 때에는
까마득한 절망의 먼발치에서 비스듬한 눈빛으로
저를 바라보시거나
또는 신神이 파놓은 차갑고 날카로운 빙벽을 끝없이 타올라

죽음의 연인처럼 마침내 저를 정복해버리고 마는
그런 사람에게

오,
저의 순결을 보여 드릴게요

무사武士 1

가시철조망이 쳐져 있다

끔찍하다

고압전류라도 흐를 것 같은

저 따위 무식함으로

이 일대를 지키겠다는 무사적武士的 결의가

꿋꿋하다

소름처럼 돋아나 있는 단단한 팔뚝의

꺾일 수 없는 절개와

민첩함이 억세다

오, 철조망 옆으로

파랗게 피어 있는 풀잎들이

참 이쁘다

무사武士 2

나는 하염없이 불탄다

새파랗게 독을 머금고서

이글거린다

사방으로 뾰죽뾰죽 돋아난 이빨로

덤벼들면 쏘아버릴 듯 위태롭다

그래, 마지막으로

이 지상에 남겨둔 최후의 폭탄이야

가로세로 줄을 친 은빛 철조망 위로

수없이

당신의 대갈통은 날아가 버릴지 몰라

조심, 그리고

조심!

동화

잎새들이 펄럭이며 넘칩니다

아래에서 위로, 오른쪽에서 왼쪽으로, 왼쪽에서 오른쪽으로,

위에서 아래로, 중심에서 바깥으로, 바깥에서 중심으로,

온갖 설렘의 한복판으로, 빛나면서

흘러갑니다

최초의 빛살들이 부딪쳐서 아름다운 소음騷音을 만듭니다.

남의 그늘이 될 수 없는, 눈 뜬 자아가 이윽고

고요히 폭발합니다

뒤집히고, 뒤집히고, 다시 한 번 뒤집혀서

초록의 본거지를 찾아 헤맵니다

마침내 다다라야 할 거기, 빛나는 환희가 일렁거림으로써

다시는 볼 수 없는 한 편의 동화童話를 만들어냅니다

단추 하나

똑, 떨어져야 할 지점이
사라졌다
보이지 않는다
똑, 떨어져야 할 경계선이
지워짐으로써
그곳에 가려져 있던 허물들이
드러나 보이기 시작한다
단추 하나
떨어진 자리에 피할 수 없이 노출된
당신의 욕망, 그리고
숨기려고 했던 피의 그리움이 들어 있어서
저 커다란 공황이 차마 두렵기만 하다
단추 하나
이미 당신의 내전內戰이 시작된 다음이여서
쉽게 가라앉을 수 없는 불행과 타오르는
슬픔이
보인다

어느덧 가을

불꽃 사이를
지나왔다
6월의 장미와
깨끗한 바람
넘치는 햇빛 사이로
웃음처럼 지나왔다

떠들썩한 이야기
쩌릿한 기쁨
제법 부푸는 폐활량 사이를
그렇게
우리는 지나왔다

들리지 않는가, 폭포처럼 아우성치며 쏟아지던 노랫소리
항상 웃고 울음 짓던 당신의 자존심
너그러운 가슴으로 당당히 받아주던 끝없는 기대와 설렘이
눈부신 광채처럼 빛나고 있는 것을,
지나간 과거가 불확실한 미래보다 더욱 따스하다는 것을

그렇게 말해 주려는 듯이

아, 그러나 지금은 어느덧 가을

7월의 아침
- 이승훈 시인에게

〈이수익 형
82. 7. 18 이승훈
쌩미셀에서〉
라고 쓴,
이승훈 시인이 내게 준 몽드리앙의 주요 작품집에서는
20세기 빛나는 화가의 업적들이 엄격하게
드러난다

초기에는
한 그루 나무가 위험한 테마처럼
캔버스 중심부에 우뚝 서 있더니
그 다음에는
그 나무가 반半추상으로 굴절되었다가
다시 한 번 더 추상적인 형태로 바뀌어서
결국
추상은 구상이 되고 마는가?
수직선과 수평선이 만나고 그 가운데에 생긴 사각형에
붉은 색, 푸른 색, 흰 색, 노란 색, 검은 색이
강렬하게 기호화 되었다는

바로, 그 점이다

나는
몽드리앙의 심리적 물결에 대하여 말할 수는 없지만
그러나 이승훈의 시는 몽드리앙의 선과 색채를
자기 나름대로 교묘하게 압축해 나가고 있다는 느낌을
받았다
지금으로부터 30년 전

7월의 아침, 우리는 무엇이 변했나?

홈런, 이라고 말할 때

벌써
공이 서 있는 느낌으로
다가온다
공의 실 밥줄이 생생하게 눈앞에
펼쳐진다
팔을 휘두르면 금세 와— 하고 그라운드 전체에
금빛 별들이 우수수 쏟아져 내릴 것만 같은,
그런 기분이다

공이 서 있는 듯한 충돌의
욕구로, 공의 실 밥줄이 팽팽해지는 맨 정신의
투혼으로
한방 휘두르면 온통 지구의 먼 끝까지
흥분의 도가니에 휩싸일 바로 그 순간에

당신이
서 있다

스스로 당신의 팔과 머리, 손목과 발꿈치는 자연스럽게 풀리면서
고속의 질주를 타격하는, 역주행의 놀라운 마력이 숨겨져 있었던 것
그리하여 뛴다 당신은 쏘아올린 휘황찬란한 불꽃 사이로
천천히
아주 천천히
거대한 한방의 축포를 들이키면서

지금 당신이, 웃으면서, 뛴다

■ 시인의 산문 ■
시작詩作 50년의 회고

이수익

　나는 시가 무엇인지도 모르면서 시를 써왔다. 중학교 때나 고등학교 때엔 시가 무엇인지를 알고 쓰는 사람이 있겠냐마는, 시는 좋아서 쓰는 '기분 좋은 놀이'라는 것만 알았다. 꽃 피는 봄날이나 잎 지는 가을, 노을, 바람, 하늘, 창문 등 나에게 접히는 것이면 무엇이든 슬프고도 아름다운 시가 되었다. 그리고 1963년, 서울신문 신춘문예에 시가 당선되었다. 작품은 「고별」과 「편지」로서 「고별」은 이렇게 시작되었다. "그때, 잘 죽었지/ 젊은 나사렛 그 사람/ 오늘도 나는 등허리에 솜을 실은/ 나귀의/ 지혜가 되어/ 잃어버린 것을 찾으려/ 종로로 간다" 그리고 「편지」는 "찾아온 손님의/ 다감한 눈빛으로/ 방을 훈훈히 하는/ 한 장의 편지/ 그것이 이룬 단정"이 그 첫머리였다. 지금 돌이켜보면 「고별」에서는 김춘수나 전봉건 선생의 냄새가 나고 「편지」에서는 박목월이나 박남수 선생의 분위기가 풍긴다. 사실 이들은 나에게는 보이지 않은 스승과 같은 존재였다.

　등단 이후 서울신문 심사를 맡았던 박남수 선생이 나에게 한 말씀 하시는 것이었다. "노래를 버리고 견고한 시의 구조를 지켜야 한다. 보다 더 이미지에 관심을 가지고 시를 써 보라"는 말씀이었다. 그래서 1969년에 낸 첫 시집 『우울한 샹송』에서는 「성냥개비」, 「분위기」

「강변에서」, 「종소리」, 「활」과 같은 이미지를 중심으로 한 시들이 만들어졌다. 그리고 두 번째 시집 『야간열차』에서는 보다 더 견고한 이미지의 시들이 드러나 「사진사」, 「가을산」, 「소나기」, 「바다에 내리는 눈」, 「야간열차」, 「가을 언덕」 등이 그런 것이다. 『야간열차』의 해설에서 이유경 시인이 쓴 글이 생각난다. "그러나 그의 시에 정감만 있고 이미지가 없다고 생각하면 그것은 오해다. 그의 모든 시들은 신선하면서도 명료한 이미지로 구축되어 있다. 이번의 두 번째 시집 『야간열차』에선 그런 감미로운 비애감이 어느덧 그의 시에 뿌리를 내리고 결연한 자세로 어떤 목적을 향해 뻗어나가고 있는 듯한 인상을 보여주고 있다"는 내용이었다.

1986년에 펴낸 나의 네 번째 시집 『단순한 기쁨』에서는 구체적 대상을 통해 이미지의 표현을 거쳐 오던 시 작법이 훨씬 더 인간적인 모습을 띠면서 보다 포근하게 느껴졌다. 사물에 대한 즉물적 접근이 인간에 의해 한결 해소되는 기분이었다. 그것은 「방울소리」, 「달빛체질」, 「구겨진 종이는 슬프다」, 「포옹」, 「나에겐 병이 있었노라」 같은 제목에서도 나타나듯, 인간 본연이 지니고 있는 고유한 비극적 체험이 한 걸음 더 진화된 것으로 볼 수 있다. 또한 『단순한 기쁨』에서는 '사막'을 연작으로 다루면서 느꼈던 신神과의 관계에 대해서도 깊이 생각해 볼 기회를 갖게 되었다.

　　신은 태초에
　　모래를 주셨다.
　　모래 중에서도 뜨거운 모래들이
　　모래 중에서도 잘디잔 모래들이

갈증으로 휘날리는 사막을
인간에게 주셨다.

이렇듯 대상을 보고 드러내는 시적 진실과 서정성, 새로운 세계를 향한 변모를 꿈꾸면서도 내부적인 성과나 그 강렬함을 외부에 노출시키는 일은 거의 없다시피 했다. 비록 치열한 갈등과 대립을 느낄지라도 정면으로 부딪쳐서 싸워 분쇄하거나 뛰어넘기보다는 피 흘리는 아픔을 극기하는 내면적 금욕성을 보이는 것이 이때의 나의 시의 본모습이었다.

내 몸의 일부는 당신의 것이다
당신과 함께 나눈 음식,
내 몸의 일부는 당신의 것이다
당신과 함께 나눈 대화,

당신은 달처럼
나도 달처럼

멀리 떨어져서 더욱 환히 보이는
생각,
푸른 추억의 빵 하얀 스푼

1995년에 발행된 나의 여섯 번째 시집 『푸른 추억의 빵』에서는 「폐가」, 「추락을 꿈꾸며」, 「그리운 악마」, 「승천」, 「신의 생각」 등에서 보다 포괄적인 안목으로 시의 대상을 더욱 넓고 깊게 다루려고 하는 노력을 보여준다. 아마 50대에 이른 나의 마음이 그랬던 것이 아닐까 싶다.

그리고 2007년에 펴낸 나의 아홉 번째 시집 『꽃나무 아래의 키스』에서는 인간에 대한 확장된 시선이 고루, 면면히 드러나 있다. 그만큼 당시 세상사람 살아가는 모습과 사고방식이 달라졌고 그들의 말소리도, 노랫소리도 달라졌기 때문이라고 생각했다. 시도 현실적 삶의 풍경과 체온을 멀리 떠나서는 안 된다는 그런 믿음에서였다. 지금까지 써오던 방식에서 새로운 변화를 추구했다. 「희고, 둥근 하품」, 「회전문」, 「죽은 자에 대한 예의」, 「풍경을 읽다」, 「꽃나무 아래의 키스」 등과 같은 시들은 종래의 작품들과는 차갑게 차이를 보이는 것들이 그러했다. 시작에 대한 태도도 자유로워져서, 보다 유연하게 시적 대상과 언어의 질감을 일치시키도록 노력했다. 이때 쓴 「이따위, 라고 말하는 것들에게도」는 이렇게 시작되었다.

> 물이 스미지 않을 적엔 스스럼없이
> 쉽게 떨어지지만
> 그 몸에 물기가 점점 번져들자 종이 두 장은
> 마주 달라붙어, 서로를 견인하게 되었다.
>
> 축축해진 두 몸이 혼신으로 밀착하여
> 한 쪽을 떼어내자면 또 다른 한 쪽이
> 사생결단,
> 먼저 자신을 찢어 놓으라는 것이다.
>
> 이따위 종이쪽지에도 이별은

고통 없이는 없나 보다.

그리고 나의 10번째 시집 『처음으로 사랑을 배웠다』는 시적 언어에서의 과격함이 드러난 시기로서 언어 이전에 체득한 힘겨운 경험이 내 자신에게 새로운 변화를 요구해 왔다. 이때는 마침 내 자신이 투병해야 했던 불우한 시기여서 작품마다에 삶과 죽음의 고통스런 몸부림이 얼룩져서, 한결 더 했던 것 같다. 「따뜻한 입술」, 「앰뷸런스」, 「총알은」, 「두렵지 않다」, 「이상한 나라」, 「전쟁」, 「당신을 지우려고」 등의 시에서는 지금까지 마음에 떠올리지 못했던 어휘들이 등장해 나의 시세계를 흔들었다. 그래서 불화, 부정, 퇴폐적 망상, 불손함, 저항 등의 용어가 새롭게 나래를 달고서 솟아오른 것이었다. 전혀 뜻밖의 변화였다. 이러한 예를 시 「연극처럼」에서 살펴보자.

> 화염 하나가
> 훨훨
> 팽창하듯이 타올랐다
>
> 사방에 퍼진 열을
> 모두 씹어 삼킨
> 그것은, 최후의 순간을 향하여 뛰어든
> 맹렬한
> 자폭

이러한 자기 변화는 이번에 새로 펴내는 시집 『천년의 강』에서는 다소 누그러져, 중용의 모습을 보여주고 있다. 나에겐 지나치게 많은 것도 아니면서, 또는 지나치게 모자란 것도 아닌 중용의 시학을 다시 모색해 보자는 것이다. 1970년대 중반에 내가 쓴 시 「마릴린 몬로」를 보고 오탁번 시인이 어느 월간지에 실은 비평의 글이 생각난다. "이 시는 우리 한국시가 나아갈 방향을 잘 잡은 것 같다. 우리 시에는 전위적인 시들도 있고, 반대로 시대에 다소 뒤떨어진 시들도 있는데 이 시는 적절한 중간자적 입장에서 고루 포용하고 있다"는 그런 내용이었다. 내 시의 오늘을 돌아보면서 과거에 내가 중도적 입장에서 쓴 시를 40년이 지난 지금 비교한다면 어떤 느낌이 들까? 과연 나는 이 시대에 중간자적 입장에서 시를 쓰고 있는 것일까? 이 글을 마무리 하면서, 나에게 주어진 책무를 묻고 있다.